＊감수인

이 책은 인류가 발달하는 과정과 세계의 운동 전체를 거시적이고 넓은 시각에서 체계적으로 보여주고 있다. 서로 다르고 복잡해 보이는 사건들이 하나의 맥락을 갖고 연결되어 있다는 사실과 의미를 이야기 형식으로 서술하여 쉽게 파악할 수 있다. 학습효과를 위하여 단계적으로 이해해가는 형식을 취했고, 단원마다 요점들을 정리하여 서술하였다. 또한, 사실을 확신시키고 흥미를 높이기 위해 다양한 자료들, 현장 사진들, 삽화, 그리고 극화까지 활용하였다. 세계문화의 백과사전 같은 가치를 지녀서 성인들이 학습하기에도 손색이 없다. 청소년들이 머지않아 현재로서 맞이할 미래를 위해 이 책이 의미 있는 길잡이가 되길 바란다.

윤명철 (동국대학교 교수. 역사학자)

＊일러두기

• 맞춤법과 띄어쓰기는 국립국어원에서 펴낸 〈표준국어대사전〉을 기준으로 삼았습니다. 다만, 역사 용어의 표기와 띄어쓰기는 교육과학기술부에서 펴낸 〈교과서 편수 자료〉와 중학교 국사 교과서를 따랐습니다.

• 외국 인명과 지명은 〈외국어 표기 용례집〉을 따랐습니다.

• 〈세계사 이야기〉의 내용이나 체재는 2011년에 새로 나온 초등학교 교과서를 기본으로 하여 편집하였습니다. 맞춤법이나 표기도 최종적으로는 초등학교 교과서에 맞추었습니다.

크노소스 궁전의 왕비의 방

우리 땅 넓은 땅
세계사 이야기 **5**

서양 문화의 산실 고대 그리스

펴 낸 이 : 이재홍
펴 낸 곳 : 도서출판 세종
등록번호 : 제18-79호
대표전화 : 02)851-6149, 866-2003
F A X : 02)856-1400
주   소 : 경기도 광명시 가학동 786-4호
공 급 처 : 한국가우스 | 등록번호 제18-147호
고객상담전화 : 080-320-2003
웹사이트 : WWW.koreagauss.com

※잘못 만들어진 책은 교환해 드립니다.

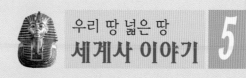

우리 땅 넓은 땅
세계사 이야기 5

서양 문화의 산실 고대 그리스

글 한국역사교육연구회 ■ 추천 파랑새 열린학교 · 한국역사사관학교
감수 윤명철 (동국대학교 교수 · 역사학자)

한국가우스

역사를 올바로 보는 눈

세계의 역사는 우리 인류가 걸어온 발자취입니다.

어제 일어난 여러 사실들은 역사가의 평가와 시각에 의하여 역사적 사실로 재발견되고, 그 의미가 새롭게 밝혀져 역사로 기록됩니다.

이것을 통하여 오늘의 우리는 어제의 역사와 만나게 되고 우리가 살지 않았던 어제를 생생하게 체험하며, 그 올바른 의미를 물려받게 됩니다.

역사는 오늘의 삶을 비추어 주는 거울이며 내일을 바라볼 수 있는 창이기도 합니다.

때문에, 역사 서술은 치우침이 없고 엄격해야 합니다.

우리는 그러한 역사를 공부함으로써 우리 자신과 오늘의 현실을 객관적으로 바라보고, 또 비판할 수 있는 힘을 기르게 됩니다. 역사를 배우는 중요한 목표는 자신을 스스로 깨닫게 하는 데에 있다고 합니다.

한편, 역사는 단순한 어제가 아니라 살아 있는 어제여야 한다고 말합니다. 이것은, 역사가 단순히 어제의 사실을 알려 주는 것만이 아니고 오늘의 우리에게 교훈이 되고, 오늘의 문제를 해결할 수 있는 슬기가 되어야 한다는 뜻을 담고 있습니다.

이는 곧 우리가 왜 역사를 배워야 하는지를 말하는 것이기도 합니다. 한국인으로서의 정체성과 함께 다른 문화와 국가에 대한 이해가 있어야만 이 지구촌의 시대를 살아갈 수 있기 때문에 특히 세계사는 중요합니다.

한국인으로서 정체성은 한국사뿐만 아니라 세계사를 함께 배울 때 온전히 형성될 수 있습니다.

우리 어린이는 이러한 역사 인식으로 세계사를 사랑할 뿐 아니라, 인류의 번영, 그리고 새로운 세계의 건설에 이바지하는 '올바른 역사관' 을 가진 세계인이 되도록 힘써야 할 것입니다.

한국역사교육연구회

그리스 아테네의 엘렉테이온 신전

우리 땅 넓은 땅

세계사 이야기

5

차 례

1 에게 문명

에게 문명은 19세기 중엽까지 알려지지 않다가 19세기 말부터 20세기 초에 걸쳐 슐리만에 의해 트로이, 미케네가 발굴되었습니다. 또한, 에번스에 의한 크레타 섬 크노소스가 발굴되면서부터 그 실체가 차츰 분명해졌습니다.

에게 문명은 크레타 섬으로 대표되는 남방계 문화와 미케네로 대표되는 북방계 문화로 크게 나누어집니다.

그리스의 크노소스 궁전 유적

에게 문명과 미케네 문명

크레타 섬

크레타 섬을 중심으로 하여 에게 해 주변에 매우 발달된 청동기 문화가 이루어졌습니다.

신석기 시대 말기인 기원전 3000년 무렵부터 비아리아계 소아시아인이 에게 해 주변에 정착하여 살기 시작하였습니다.

크레타 섬 휴양지

기원전 2600년 무렵부터 크레타 섬, 키클라데스 제도, 미케네를 비롯한 그리스 본토 남부, 소아시아의 트로이 등에서 초기 청동기 문화가 일어난 것입니다.

지리적으로는 아시아와 유럽이 만나는 지점이 되어 문화 전파의 다리 역할을 하였으며, 더불어 에게 문명은 역사적으로나 성격적으로 오리엔트 문명*과 유럽 문명의 중간에 위치하고 있었습니다.

> **＊오리엔트 문명**
> 이집트, 메소포타미아, 이란, 시리아 등의 고대 오리엔트에서 발달한 문명으로, 관개 농업에 기초를 두고 중앙 집권제와 강력한 왕권을 배경으로 거대한 궁전과 신전을 세웠다.

오리엔트 문명을 보여주는 무용

　이 청동기 문명은 오리엔트 문화의 영향을 받으면서 계속 발전해 나갔습니다. 이 지역은 온난한 지중해성 기후로 공기가 맑고, 섬을 바라보면서 안전하게 항해할 수 있으므로 선진 오리엔트 문화권과 해상 교통으로 연결되어 유럽의 다른 지역보다 훨씬 빨리 고도의 문화를 꽃피웠습니다.

　특히, 키클라데스 제도＊는 해상 교통의 중계지로 번영하여 '프라이팬'이라고 불리는 소용돌이 무늬 장식을 한 토기와 대리석 우상을 만들었는데, 단순하고 추상적인 형태가 현대 조각과 같은 신선함을 지니고 있습니다.

기원전 30~10세기의 에게 문명

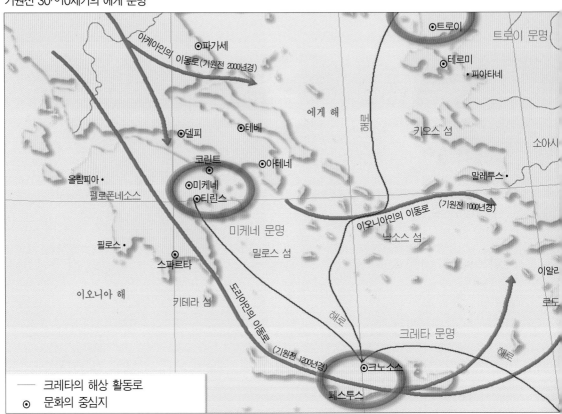

크노소스 궁전의 남쪽 입구

　금속의 이용은 이미 기원전 3000년 무렵에 볼 수 있었고, 금과 은의 합금이라든가 금, 구리, 청동 등으로 작은 동상이나 장신구를 만들었습니다.

　또, 다듬은 돌이나 구운 벽돌로 견고한 건물을 지었고 부조와 벽화로 장식했습니다. 이어 중기 청동기 시대로 접어들면 크레타와 미케네의 예술 활동도 비약적인 발전을 보입니다.

그리스의 수도 아테네

에번스

에게 문명은 19세기 중엽까지 알려지지 않다가 19세기 말부터 20세기 초에 걸쳐 슐리만에 의해 트로이, 미케네가 발굴되고 에번스＊에 의한 크레타 섬 크노소스의 발굴을 비롯하여 잇따른 각지의 발굴로 그 양상이 점차 분명해졌습니다.

에게 문명은 크레타 섬으로 대표되는 남방계 문화와 미케네로 대표되는 북방계 문화로 크게 나뉩니다.

크레타는 미노스 왕 때 가장 번성했습니다. 또, 이 세력은 그리스인에게 '미노타우로스 전설'을 낳게 하였습니다.

크레타 문명을 '미노아 문명'이라고도 하는 것은, 곧 미노스 왕 때 크레타 문명이 전성기를 이루었기 때문입니다.

기원전 2000년 무렵 인도 유럽어족의 한 갈래인 아카이아인이 발칸 반도를 거쳐 그리스로 들어와 소왕국을 건설했습니다.

미케네, 티린스, 오르코메노스, 필로스 등이 그 대표적인 나라들입니다. 이때, 원주민은 미노아 문명을 받아들여에게 문명을 발전시켰습니다. 아카이아인들은 세력이 커지면서 자신들의 북방적인 문명을 섞어 그들 나름대로의 문명을 발전시켜 나갔습니다.

미노아의 항아리

그리스 신화에 등장하는 여전사

아테네 해변

*미케네 문명

에게 문명 후기의 청동기 문명이다. 그리스의 미케네를 중심으로 기원전 1600년 전부터, 도리아인의 침입으로 멸망한 기원전 1200~1100년까지 그리스 본토에서 발달하였다.

아카이아인들이 세운 나라 중 가장 강대한 나라는 아트레우스가의 미케네 왕국입니다.

그렇기 때문에 아카이아인들이 남긴 문명을 '미케네 문명' *이라고도 합니다.

미케네 문명은 기원전 1600년 말부터 1400년에 걸쳐 절정기에 이르렀고, 왕궁과 출토품은 미케네 미술의 특징을 가장 잘 나타냅니다.

에게 해의 섬 중 하나인 미노스 섬

 골든벨 상식

그리스인의 등장과 미케네 문명

기원전 2000년 무렵, 북방에서 이주하여 발칸 반도의 남쪽 끝에 자리 잡고 살기 시작한 그리스인은, 기원전 15세기에 크레타를 점령하고 에게 해 세계의 중심 세력이 되었다.

미케네, 티린스, 피로스, 오르코메노스 등으로 갈라진 그리스 본토의 소왕국들은 청동기를 사용한 크레타 문명을 받아들이고 자신들의 문화를 융합하여 그들 특유의 미케네 문명을 만들었다.

언덕 위에 세워진 미케네 왕궁은 큰 돌로 된 성벽으로 둘러싸여, 크레타와는 달리 방비적인 성채와 같은 규모를 갖추었다.

거대한 아치형 천장의 묘와 바위 굴 묘 등지에서는 죽은 사람에게 씌우는 황금 마스크와 관, 보검 등의 부장품이 발견되어, 군인 중심의 전사 문화의 특징을 나타내고 있다.

미케네인은 트로이 전쟁을 일으켜 트로이인을 정복하였으나, 기원전 1200년 무렵 뒤늦게 남하한 또 다른 그리스계 도리아인의 철제 무기 앞에 무너지고 말았다. 미케네 문명은 1876년 독일의 슐리만의 현지 발굴 조사를 통해 세상에 알려졌다.

＊슐리만(1822~1890)
독일의 고고학자로 미
케네 문명과 트로이 유적
을 발굴하였다. 호메로스
의 서사시에 다루어진 트
로이가 있다고 믿어 1870
년에 트로이를 발굴하였
고, 1876년에 미케네 고
분을 발굴하였다.

미케네의 유적은 슐리만＊이 트로이에 이어 1874년에 발굴을 시작하였고, 1876년에 유명한 사자문 안쪽에 있는 이중 석판으로 둘러싸인 거대한 원형 분묘에서 황금 마스크를 한 남성의 육체와 갖가지 보물을 발견하였습니다.

이로 인해 '황금이 풍부한 미케네'가 현대에 부활하였습니다.

크노소스 궁전의 옥좌

크노소스 궁전의 왕비의 방

왕궁의 유구는 바위산을 배경으로 한 나지막한 언덕 아크로폴리스 위에 구축되어, 크레타 궁전의 개방성과는 대조적으로 왕궁이라기보다는 성의 성격이 더 강합니다.

그것은 주문인 시지문에서도 볼 수가 있습니다. 아크로폴리스 성 밖에 구축된 장대한 궁륭묘군도 미케네 미술을 특징짓는 것입니다.

＊크노소스 궁전
기원전 17세기 무렵 고대 에게 문명의 중심지인 에게 해 크레타 섬 북쪽 해안의 크노소스에 있던 궁전으로 미노스 왕이 건조했다. 중정 주위에 수백 개의 작은 방을 만들어 '미궁'으로 더 유명하다.

＊아트레우스

그리스 신화에 나오는 인물로, 아가멤논의 아버지이다. 아내와 밀통한 아우 티에스테스를 제우스의 도움으로 추방하였다.

미케네의 왕이 되자, 아우의 자식 셋을 죽였다. 뒤에 아우의 아들 아이기스토스에게 살해되었다.

가장 유명한 '아트레우스＊ 보고'는 지름 14.5미터의 돔으로 만들어진 제실과 내부의 유체 안치실로 구성되어 있는 유적입니다. 이 유적은 미케네 시대 최전성기 건축 기술이 얼마나 수준 높은지 말해 주고 있습니다.

미케네의 미술은 크레타 미술의 영향을 많이 받았지만, 양자 간에는 본질적으로 다른 특색을 찾아볼 수 있습니다.

건축에서 크레타의 많은 궁전은 비교적 평탄한 토지에 세워졌고 화려한 벽지로 채색된 개방적인 건물이며, 쾌적한 일상생활을 즐기는 경향이 두드러집니다.

트로이 전쟁을 묘사한 그림

미노스기의 항아리

한편, 미케네에서는 궁전이 거대한 성벽으로 둘러싸인 성채였습니다. 궁전의 안뜰을 향해 메가론*이라는 직사각형 주실이 있고, 4개의 기둥이 있으며, 주위를 두꺼운 벽으로 두르고 중앙에 난로가 칸막이로 구분되어 있습니다.

이 간소한 메가론 양식은 후에 그리스 신전 건축의 원형이 되었습니다.

> **＊메가론**
> 전면에 주랑 현관이 있고, 3면이 벽으로 둘러싸이고 실내의 중앙에 난로가 있는 건축 양식이다.

아트레우스 묘지의 입구

🔔 골든벨 상식

트로이 전쟁

고대 그리스의 영웅 서사시〈일리아드〉에 나오는 그리스군과 트로이군의 전쟁이다.

트로이의 왕자 파리스에게 빼앗긴 스파르타 왕비 헬레네를 되찾아 오기 위하여, 미케네 왕 아가멤논이 총대장이 되어 수만 명의 그리스 연합군을 이끌고 트로이에 원정하여, 10년간의 장기전을 전개하였다.

10년째에는 아가멤논과 영웅 아킬레스의 반목이 생기기도 했지만, 최후에는 이타카의 왕인 오디세우스가 고안한 목마(트로이의 목마)를 만들어 상대의 허를 찔러 트로이를 함락시켰다.

이 전쟁을 주제로 한 영웅 서사시는 많이 있었으나, 호메로스의 〈일리아드〉, 〈오디세이〉만이 그 뛰어난 문학성으로 후세까지 남았다.

고대에는 이 전쟁의 사실성이 의심받지 않았으나, 19세기 비판적 사학 연구가 유행하던 시기에는 허구로 취급하는 풍조가 나타나기도 하였다.

그러나 슐리만의 트로이 발굴 성공은 이 전쟁의 사실성을 뒷받침해 주었다.

트로이 전쟁의 용사에게 무기를 주는 비너스

아카이아인들은 기원전 1400년 무렵에 크레타를 정복하고 에게 해 일대에 세력을 떨쳤습니다.

아카이아인들은 선진 크레타 문명에 접근하여 이를 받아들였는데, 마침내는 무력으로 크레타를 붕괴시키고 에게 해에 군림한 것입니다.

훗날 호메로스*가 서사시로 읊은 '트로이 전쟁' 이야기도 이 정복 전쟁에 얽힌 것입니다.

그렇지만 미케네 왕국은 기원전 1200년 무렵에 같은 민족인 도리아인에게 멸망했습니다.

도리아인들은 철제 무기를 사용하고 있었습니다. 청동기 문화보다 앞선 도리아인들이 그 뒤 펠로폰네소스 반도의 미케네 문명 요충지들을 거의 정복함으로써 그리스 청동기 시대는 끝이 났습니다.

*호메로스
고대 그리스의 시인으로, 기원전 8세기 무렵의 사람이라고 추측된다. 그리스에서 가장 오래되고 긴 서사시인 〈일리아드〉와 〈오디세이〉의 작가라고 한다.

호메로스

하하! 이제 에게 해는 우리 아카이아인들의 것이다! 크레타인들이여, 무릎을 꿇으라!

트로이 목마

미노타우로스의 전설

다음 이야기는 미노타우로스 전설입니다.

옛날 크레타에 미노스*라는 왕이 있었습니다. 미노스는 왕이 되기 전에 바다의 신인 포세이돈*과 약속했습니다.

"바다에서 황소가 나오게 해 주신다면 그것을 잡아서 신께 제물로 바치겠습니다."

그러자 포세이돈은 황소를 보내 주었습니다. 이때, 바다에서 황소가 나오는 것을 본 사람들은 놀라워하며 미노스를 왕으로 세웠습니다.

그런데 미노스는 막상 왕이 되자 황소가 탐이 나서 그 황소는 자기가 갖고 다른 소를 제물로 바쳤습니다. 포세이돈은 이 사실을 알고 매우 화가 났습니다.

그래서 포세이돈은 미노스의 아내를 미치게 한 다음, 바다로 보내 준 황소와 함께 자도록 벌을 내렸습니다. 그리고

금 펜던트

미노스 미궁

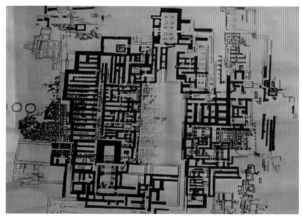

얼마 후, 미노스는 외양간을 들여다보
고 소스라쳤습니다.

'아니, 저런 송아지가 태어나다니!'

태어난 송아지는 반은 소이고 반은
사람의 모습이었습니다. 이 괴물이 곧
미노타우로스입니다. 미노스는 다이
달로스에게 괴물을 가두어 두는 '미
궁'을 만들도록 하였습니다. 이 미궁
은 한번 들어가면 매우 복잡해서 출입
문을 찾지 못하게 설계되었습니다.

포세이돈 조각상

바다의 신 포세이돈

선문자가 새겨진 쌍 도끼

미케네에서 출토된 소머리 모양의 뿔잔

미노타우로스*는 미궁 속에 들어가서 출입문을 찾지 못하는 인간을 먹으면서 지냈습니다.

그런데 아테네에서 열린 경기에 참가한 미노스의 왕자가 갑자기 죽는 사건이 일어났습니다. 미노스 왕은 아테네인들이 자기 아들을 죽였다 하여 군대를 이끌고 아테네로 쳐들어갔습니다.

전쟁에서 이긴 미노스는 아테네에 9년마다 한 차례씩 남자 7명과 여자 7명을 바치라고 요구했습니다. 이것은 곧 미노타우로스의 먹잇감이었습니다.

아테네 왕 아이게우스*는 하는 수 없이 그 조건을 받아들였으나 고민에 빠졌습니다. 이때, 아들 테세우스가 괴물을 처치하겠다고 나섰습니다.

테세우스는 어떤 자와도 싸워서 이길 만큼 용맹스러웠으나, 아버지 아이게우스는 위험한 일을 아들에게 맡기고 싶지 않았습니다. 그렇지만 아들이 너무 졸라대는 바람에 승낙했습니다.

*아이게우스

그리스 신화에 나오는 아테네 왕이다. 아들 테세우스가 크레타 섬에서 피살되었다고 지레짐작하여 절망한 나머지 바다에 몸을 던져 죽었다. 그 후부터 그 바다는 아이가이온 해에서 에게 해로 불리게 되었다.

미케네에서 출토된 〈송아지를 어깨에 둘러멘 사람〉

*테세우스

　그리스 신화에 나오는 아티카의 영웅이다. 괴수 미노타우로스를 퇴치하였고, 아마존을 정복하였다.

테세우스*는 공물로 바치는 남녀들 속에 섞여 크레타로 떠나면서 아버지에게 말했습니다.

"괴물과 싸워 이기고 돌아오면 이 검은 돛 대신 흰 돛을 달고 돌아오겠습니다."

테세우스가 크레타에 도착하자, 아리아드네* 공주는 테세우스를 보고 첫눈에 반했습니다.

아리아드네는 테세우스에게 실 뭉치 하나를 주었습니

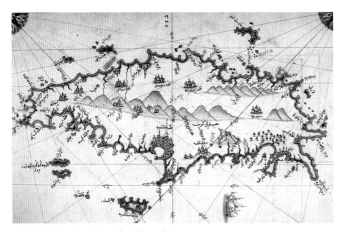

피리 레이스가 그린 크레타의 고지도

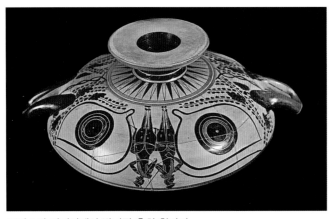

그리스의 아티카에서 발견된 흑회 항아리

그리스의 아티카에서 출토된 항아리

다. 그 실 뭉치를 풀면서 일행과 함께 미궁 속으로 들어간 테세우스는 괴물 미노타우로스를 처치해 버렸습니다. 그런 다음 풀어진 실을 따라서 무사히 밖으로 나왔습니다.

"부디 저를 데려가서 결혼해 주세요."

공주가 말하자, 테세우스는 그녀를 배에 태워 아테네로 향했습니다.

아리아드네 공주

그리스의 아크라가스 신전

테세우스는 아리아드네 공주가 심하게 멀미를 하자 낙소스 섬에 배를 댔습니다. 공주를 해변에 눕히고 배가 있는 곳으로 가자 바람이 세게 불었습니다. 그리하여 배는 바다로 밀려나가고 해변에 눕힌 공주는 신들의 노여움을 사서 시신으로 변했습니다.

테세우스는 너무나 슬퍼서 배에 흰 돛을 올리는 것도 까맣게 잊은 채 아테네로 떠났습니다.

테미스와 아이게우스 왕

테세우스가 미노타우르스를 처치하는 모습

한편, 아이게우스 왕은 아들이 돌아오는 것을 보려고 하루도 빠지지 않고 매일 아크로폴리스의 언덕 위로 올라갔습니다. 멀리서 돌아오는 아들의 배를 맞이하기 위함이었습니다. 아이게우스는 초조하게 아들을 기다렸습니다.

그러던 어느 날, 왕은 검은 돛이 달린 배를 발견했습니다.

'아, 배가 검은 돛을 그대로 달고 오는 것을 보니, 내 아들이 괴물에게 잡아먹혔구나!'

왕은 낙심한 나머지 그만 바위 위에서 바다에 몸을 던지고 말았습니다.

아, 어찌 이런 일이! 신이시여, 너무합니다. 공주, 제발 눈을 뜨시오!

테세우스와 아리아드네 공주

신곡 속의 미노스

2 아테네의 민주 정치

아테네에서는 여성을 제외한 시민 모두가 모여 정치를 의논하는 민회를 열었습니다. 민회에서 결정된 일은 제비뽑기로 선출된 관리가 맡아서 추천했습니다.

또한, 정치를 올바로 하기 위해 도편 추방제라는 엄한 법률도 만들었습니다.

기원전 6세기 말에는 큰 세력을 이룬 민중이 클레이스테네스의 지도 아래 큰 개혁을 단행하여 '민주 정치'를 이루었습니다.

아테네의 민주 정치가 최고로 꽃핀 때는 '페리클레스 시대'입니다.

아테네의 파르테논 신전

34

정치와 종교의 중심지였던 아테네의 아크로폴리스

폴리스 도시 국가의 형성

에게 문명이 사라진 뒤, 기원전 8세기에 이르러 그곳의 오목한 들판마다 '폴리스'라는 작은 도시 국가가 생겨났습니다. 그리고 그곳에서 새로운 문화가 싹트기 시작하였습니다.

폴리스는 그리스인의 몇몇 마을이 종교, 정치, 군사, 경제 등의 이유로 한곳에 모여 생겨난 작은 국가입니다.

그리스인들은 수많은 폴리스, 즉 도시 국가로 나뉘어 살았지만, 같은 말을 쓰고 같은 종교를 믿었습니다.

그들은 제우스 신을 모신 사원을 곳곳에 두었습니다.

제우스 신은 '신들과 인간의 아버지'로서, 모든 권력을 주거나 빼앗는 자이며, 사회의 질서를 유지하며 국가의 재앙을 막는 위력을 가진 신이었습니다.

고대 아고라 유적

　시민들은 아크로폴리스라는 언덕에 수호신을 받들었습니다. 또, 언덕 옆에 있는 '아고라' 라는 광장에 모여 나랏일을 의논하고 결정했는데, 이 회의에는 누구든지 참여할 수 있었습니다.

　아테네에서는 여성을 제외한 시민 모두가 모여 정치를 의논하는 민회를 열었습니다.

코린트 식 청동 투구

그리스 국립 중앙 박물관

민회에서 결정된 일은 제비뽑기로 선출된 관리가 맡아서 추천했습니다.

또한, 정치를 올바로 하기 위해 도편 추방제*라는 엄한 법률도 만들었습니다. 도편 추방은 아테네에 해가 될지도 모르는 사람을 10년 동안 나라 밖으로 추방하는 제도였습니다. 1년에 한 번, 전 시민이 추방해야 할 사람의 이름을 도자기 조각에 적어 투표로 정했습니다.

*참주
참주를 가리키는 '티란노스(Tyrannos)'는 '왕'을 뜻하는 외래어였는데, 비합법적인 방법으로 권력을 잡았기 때문에 붙여진 이름이다.
참주 중에는 아테네의 페이시스트라토스처럼 민중에게 선정을 베푼 사람도 많았다.

도편 추방제 투표하는 장면

도편 추방제 이름을 적은 도자기 조각

아테네의 정치가 솔론

그리스인들은 기원전 8세기 후반부터 다시 해외로 많이 나아갔습니다.

그들은 지중해, 흑해 연안 지역을 중심으로 활발한 식민 활동을 펼쳐나가 여기저기에 작은 도시 국가인 폴리스를 세웠습니다.

그리하여 그리스의 세계는 점점 넓어졌습니다.

*아테네의 민주 정치
① 과정:왕정→귀족 정치→참주 정치→민주 정치
② 특징:직접 민주 정치, 공직의 추첨제, 참정권의 제한(여자, 외국인, 노예 제외)

아테네 시의 휘장

골든벨 상식

민주 국가 아테네

수많은 그리스의 폴리스 가운데 대표적인 것은 아테네와 스파르타였다.

아테네도 초기에는 왕정이 행해졌으나 기원전 7세기 무렵 귀족 정치로 바뀌었다. 빈부의 격차가 심해지고 귀족과 평민의 대립이 심해지자 기원전 6세기 초에 솔론이 나와 아테네의 법을 정비하고 경제 개선책을 마련하는 한편, 재산의 정도에 따라 정치적 특권과 의무를 분배하여 평민이 정치에 참여하는 길을 마련하였다.

그러나 귀족과 평민의 대립을 조정하려 한 솔론의 시도는 실패하고, 이윽고 페이시스트라토스가 평민과 결탁하여 귀족 세력을 억누르고 참주 정치를 행하였다. 그러나 참주 정치는 얼마 안 가서 쓰러지고, 기원전 6세기 말에 클레이스테네스가 등장하여 행정 구역을 개편하고 500인 회의를 창설하였으며, 부족제의 개편과 도편 추방제(오스트라시즘 제도)를 제정하여 아테네 민주 정치의 기틀을 마련하였다.

하지만, 이것은 폴리스라는 작은 공동체가 조금 커진 것일 뿐, 정치적으로 통일된 국가의 모습을 갖춘 것은 아니었습니다.

그리스인들은 운동과 예술을 좋아하여 제전 때마다 경기와 행사를 벌였습니다.

그중에서 올림피아*의 제우스 신전에서 열리는 경기 대회가 가장 컸습니다.

> **＊올림피아**
> 그리스 펠로폰네소스 반도 북서부에 있는 고대 도시 유적이다. 고대 그리스의 종교상의 중심지로 고대 올림픽 경기의 발상지이다.

올림피아의 제우스 신전

*마라톤 전투

제2차 페르시아 전쟁 때 그리스군이 페르시아군을 크게 무찌른 싸움이다.

기원전 490년 밀티아데스의 아테네군이 마라톤에서 페르시아 다리우스 왕의 군대를 맞아 승리를 거두었다. 이 사실을 전하기 위하여 그리스의 군사 페이디피데스가 마라톤 전장에서 아테네까지 약 42킬로미터를 3시간 정도에 달려가서 "우리 군대가 이겼다!"는 한마디를 전하고 죽었다.

이 아테네 전령을 기리기 위하여 생긴 것이 마라톤 경주이다.

이 경기 대회는 4년마다 한 번씩 열렸는데, 대회가 열리는 동안에는 일체의 전쟁이 없었습니다.

올림피아 제전이 언제부터 시작되었는지는 확실하지 않지만 가장 성한 때는 기원전 776년 무렵이어서 이때를 올림피아 제전의 기원으로 삼고 있습니다.

이 제전에는 그리스 민족이면 누구든지 참가할 수 있었습니다. 경기 종목은 멀리뛰기, 원반던지기, 창던지기, 달리기, 레슬링이었습니다.

이 5가지 종목은 다시 여러 종목으로 나뉩니다. 예를 들어, 달리기경기는 단거리와 장거리를 나누어 경기를 펼치는 식으로 구별하여 시행했습니다.

기원전 5세기의 아테네 화폐

경기에서 우승한 선수에게는 머리에 올리브잎으로 만든 관을 씌워 주었습니다. 우승하여 올리브 관을 쓰는 것은 대단한 영광이었고, 우승자는 고국으로 돌아가면 커다란 환영을 받았습니다.

우표로 출시된 마라톤 전투

그리스 정예부대

올림피아 제전에서는 시 낭송과 연설도 함께 행해졌습니다. 그리스 민족의 단합을 꾀한 이 올림피아 제전은 그리스가 로마에 멸망당한 뒤에도 1170년 동안 이어졌습니다.

그 후 로마 황제인 테오도시우스 2세＊가 크리스트교를 국교로 선포하고 제전을 금지하는 수난을 당하기도 했지만, 근대에 다시 부활되어 '올림픽 경기'가 되었습니다. 우리나라도 1988년에 올림픽을 성공적으로 치렀습니다.

아테네 민주 정치의 성립

도시 국가의 정치 형태는 처음에는 왕이 다스리는 군주 정치였지만, 기원전 7세기에 들어서면서 귀족이 정치에 강력한 힘을 발휘하게 되어 귀족 정치로 바뀌었다.

이후 상공업이 발달하면서 점차 평민들의 세력이 강해지자, 귀족으로 구성된 기병 대신 평민으로 구성된 중장 보병이 군의 중심이 되었다. 이렇게 평민들의 군사적 역할이 커지자, 그들은 정치 참여를 요구하였으며, 마침내 아테네를 비롯한 대부분의 폴리스에서 민주 정치가 실현되었다.

투표에 사용했던 도편

그러나 귀족 정치에서 민주 정치로 옮겨 가는 과정에서 참주 정치가 등장한 곳도 있었다. 참주 정치는 귀족과 평민이 세력 다툼을 할 때, 강력한 지도자가 나타나서 귀족 정권을 무너뜨리고 독재 정치를 한 것으로, 이때 정권을 잡은 독재자를 참주라 하였다.

아테네와 스파르타

고대 그리스의 폴리스는 도시를 중심으로 주위에 있는 농촌 지역도 포함되었습니다. 그러므로 폴리스는 도시만으로 이루어진 국가는 아니었습니다.

이러한 폴리스 중 가장 세력이 강한 도시 국가는 '아테네' 와 '스파르타' *였습니다.

군사 국가 스파르타

이오니아인이 세운 아테네와 함께 그리스의 폴리스를 대표하는 스파르타는 군사 국가로 세워져 아테네와 대조를 이루었다.

스파르타의 사회 신분은 시민, 주변 자유인, 국가 노예로 나누어져 있었다. 이 중 시민은 상업 활동은 물론 농업을 포함한 일체의 노동을 하지 않고 오로지 국가를 위해서 봉사하였다. 이들은 어릴 때부터 엄격한 병영 생활을 하였고 중장 보병으로서 군대의 중핵을 이루고 전원이 민회의 구성원이 되었다. 주변 자유인은 군에 복무하고 토지와 노예를 소유하였으나 참정권은 없었다.

스파르타에는 두 왕가에서 세습하는 두 왕이 있었고, 전 시민이 참여하는 민회는 중요 사항을 결정하고 입법권을 행사하는 28명의 원로와 5명의 행정관을 선출하였다.

스파르타의 남자는 7세에 가정을 떠나 청년기까지 혹독한 훈련을 받으며 병영 생활을 했고, 이와 같은 스파르타식 교육의 이상은 용맹, 인내, 애국, 복종과 강한 체력을 갖춘 군인을 양성하는 데 있었다. 이와 같은 부국강병 정책으로 스파르타는 군사 강국이 되었다.

*스파르타

아테네와 비길 만한 고대 그리스의 대표적 도시 국가이다. 펠로폰네소스 반도의 라코니아 평원에 위치하였다.

군국주의적인 정치 체제나 교육 체제를 지켜 기원전 5세기의 펠로폰네소스 전쟁에서 아테네를 격파하여 그리스의 패권을 잡았으나 기원전 371년 테베에, 기원전 32년 마케도니아에 패한 후 국력이 약해졌다.

소녀상

폴리스 전쟁(혼합전)

폴리스 전쟁(내전)

조각상의 대좌에 새겨진 아티카의 부조

*폴리스
고대 그리스의 도시 국가로서, 이 말은 원래 외적이 쳐들어왔을 때 주민들이 의거하여 싸우던 성을 뜻하였다. 그런데 이곳을 중심으로 사람들이 모여 살고 도시 국가를 형성하게 되면서 점차 국가 전체를 뜻하게 되었다.
이들 폴리스는 서로간에 끊임없는 분립, 항쟁과 내부의 당파 싸움 등으로 기원전 4세기에 쇠퇴하기 시작하였다.

*아르콘
고대 그리스 도시 국가의 집정관이다. 아테네가 유명하다.

아테네는 아티카 해안 지역에 자리 잡았습니다. 아테네는 많은 소국들이 하나의 폴리스*를 이루었는데 아티카 지역이 대부분이었습니다.

기원전 7세기경에는 왕이 행하는 정치가 없어졌으며 나라의 주요 관직을 귀족들이 차지했습니다. 또 9명의 '아르콘'*이 행정관으로 뽑혀 임기를 마쳤습니다.

아테네에서는 무역과 상공업이 발달하여 부자가 된 평민이 늘어나 귀족과 맞섰습니다. 나아가 민중의 지도자가 나타나 폭력으로 귀족 정치를 무너뜨리고 독재 정권을 세우는 일이 많았습니다.

이렇게 민중 세력과 귀족 세력이 엎치락뒤치락하다가 기원전 6세기 말에 큰 세력을 이룬 민중이 클레이스테네스의 지도 아래 큰 개혁을 단행하여 '민주 정치'를 이루었습니다.

아테네 민주 정치를 완성한 페리클레스

클레이스테네스*는 우선 자연 마을을 중심으로 혈연으로 맺어진 공동체를 만들어, 10개의 시민단을 만들었습니다.

그리하여 귀족들의 세력 기반을 약하게 하였습니다. 그리고 시민들의 총회인 민회(에클레시아)*가 나랏일의 최종 결정권을 갖게 하였습니다.

그리고 여기에서 뽑힌 대표로 평의회를 구성하여 정치를 하게 하였습니다.

시민이 평등하게 정치에 직접 참여할 수 있도록 한, 클레이스테네스만의 독특한 민주 정치가 시작된 것입니다.

그러나 아쉽게도 여자와 노예는 여기에서 빠졌습니다. 그렇지만, 고대 그리스에서 이미 민주 정치가 행해졌다는 것만으로도 놀라운 일입니다.

아테네가 민주 정치를 최고로 꽃피운 것은 '페리클레스 시대'(기원전 475~기원전 429년)입니다.

*클레이스테네스
기원전 6세기 후반의 아테네의 정치가이다.
4부족제를 폐지하여 10부족제로 하고, 도편 추방제를 정하여 아테네 민주 정치의 기초를 닦았다.

아테나 신전

*민회
고대 그리스 로마의 도시 국가에 있었던 시민 총회이다. 직접 민주제의 한 형태로 그리스에서는 국가의 의사를 결정하는 최고의 기관이었으나 로마에서는 원로원에 구속되는 일이 많았다.

클레이스테네스의 조각상

페리클레스의 전몰자를 위한 추도사

"우리의 제도를 민주주의라 부른다. 소수가 아닌 다수의 손으로 통치가 이루어지기 때문이다. 법은 사적인 논쟁에서는 모든 사람에게 평등을 보장하지만 개인의 우월성이 무시되는 것은 아니다. 어느 시민이 특출나다면, 그는 특권으로서가 아니라 그가 지닌 장점에 대한 보답으로 공직에 선출된다. 가난은 장애가 되지 않으며 사람은 그가 처한 여건이 어떠하든지 조국을 위해 봉사할 수 있다."

(투키디데스의 역사 〈펠로폰네소스 전쟁사〉 중)

3 군국주의 스파르타

군국주의 스파르타는 도리아인이 세운 국가입니다. 귀족 정치를 택한 스파르타는 겉으로는 두 왕을 내세우고 그 아래에 평의회와 민회를 두었습니다.

또 리쿠르고스가 제정한 법률로 시민을 교육시켰는데, 이것이 유명한 '스파르타 교육'입니다. 이 스파르타 교육으로 국가는 시민의 행동이나 교육 등에 간섭하고 복종하게 하였습니다.

체육이나 무예를 중요하게 여긴 스파르타는 아이들에게 극기 체력 훈련과 나라를 위해서는 언제든지 목숨을 바쳐야 한다는 정신 교육도 시켰습니다.

그리스 시대의 레슬링

리쿠르고스의 스파르타 교육

*펠로폰네소스 반도
그리스 남쪽에 있는 반도로, 기원전 13세기 무렵 이오니아인이, 이어서 도리아인이 들어왔다. 기원전 8~5세기에는 스파르타 등의 도시 국가가 번영했다.

*평민회
고대 로마 시대에 평민의 권익 옹호를 구실로 무산 시민의 지지를 얻기 위해서 붙인 이름이다.

스파르타는 도리아인이 펠로폰네소스 반도*를 정복하여 세운 국가입니다. 그러므로 정복민의 자손인 시민, 정복당한 노예, 페리오이코이라는 반자유인의 세 계급으로 국민을 이루었으며, 시민만 정치에 자유롭게 참여할 수 있었습니다.

나머지 두 계급은 시민들의 의식주 생활을 도왔습니다.

귀족 정치를 택한 스파르타는 겉으로는 두 사람의 왕을 내세우고 그 아래에 평의회*와 민회를 두었습니다. 그러나 감독관 5명이 실질적인 정권을 쥐었습니다.

델포이의 아폴론 신전과 원형 극장 유적

파르테논 신전의 부조

또 리쿠르고스*가 제정한 법률로 시민을 교육시켰는데, 이것이 곧 '스파르타 교육' 입니다.

스파르타 교육으로 시민은 누구나 엄격한 규율 생활을 하였습니다.

시민의 행동, 교육, 결혼 등에 관하여 국가가 간섭하고 국가의 뜻대로 복종하도록 했습니다.

*리쿠르고스
그리스 신화에 나오는 트라키아 왕이다. 디오니소스와 그를 광적으로 믿는 여자들을 바다로 쫓아냈기 때문에 신에게 벌을 받이 장님이 되었다.
전해지는 말에 의하면 미쳐서 죽었다고 한다.

제우스 신전

군대식 스파르타 교육

갓난아이가 불구이거나 허약하면 내다 버렸습니다. 건강한 아이들은 7세가 되면 부모의 곁을 떠나 공동 교육 장소에서 애국심을 기르며 자랐습니다.

이들은 체육, 무예를 중요하게 여겼습니다. 아이들은 추위나 더위, 배고픔을 이겨 내는 극기 체력 훈련을 받았으며 나라를 위해서는 언제든지 목숨을 바칠 수 있도록 정신 교육도 시켰습니다.

남자만이 아니라 여자들도 격렬한 육체 훈련과 정신 교육을 받았습니다. 여자들의 교육은 건강한 아기를 낳기 위한 것이었습니다. 어른으로 자란 남자들은 30세까지 고된 군사 훈련을 받으며 전쟁에 대비했습니다.

이와 같은 교육이 성행한 군국주의여서 매우 강한 나라가 되었을 것 같지만, 스파르타는 기원전 7세기 말 무렵 잠시 펠로폰네소스 반도를 주름잡았을 뿐입니다.

그 뒤, 엄격한 교육이 시행되면 '스파르타식' 이라는 말이 나오게 되었습니다.

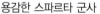
용감한 스파르타 군사

4 그리스 신화의 여러 신

    그리스인들은 여러 신을 창조해 냈는데, 그들은 신들도 사람과 같은 인격과 성품을 가지고 있다고 믿었습니다.

    신을 성스럽게 보지 않고 인간과 같이 생각하는, 이러한 사상을 '인간 중심주의'라고 합니다.

    그리스 신화의 올림포스 12신 중에는 최고의 신인 제우스를 비롯하여 바다의 신 포세이돈, 사랑과 미의 여신 아프로디테, 지혜의 여신 아테나 등이 있습니다.

기둥만 남은 아폴론 신전

그리스의 인간 중심주의

자연과 더불어 사는 인간들은 고대부터 신을 섬겨 왔는데 특히 그리스인들은 많은 신을 창조해 냈습니다. 그리스인들은 신들이 인간과 닮았지만, 인간보다 강하고 영원히 죽지 않는다고 보았습니다.

"바다에 폭풍이 이는 것은 바다의 신 포세이돈이 분노했기 때문이야."

바다의 신 포세이돈의 분노

58

이런 식으로 그들은 신들도 사람과 같은 인격과 성품을 가지고 있어서 기쁨, 슬픔, 미움, 사랑 따위의 감정을 나타낸다고 믿었습니다.

신을 성스럽게 보지 않고 인간과 같이 생각하는, 이런 사상을 '인간 중심주의'라고 합니다. 휴머니즘에 근본을 둔 이런 사상을 '헬레니즘'*이라고 합니다.

*헬레니즘
헬레니즘이란 '그리스풍'이라는 뜻으로 19세기의 영국 역사가 아널드가 사용하면서 일반화되었다.
그리스 문화와 동방 문화가 융합된 것으로 그리스와는 달리 개인주의와 세계 시민 사상, 자연 과학이 발달하였다.

바다의 신 포세이돈의 분노

헬레니즘과 헤브라이즘

*헤브라이즘
고대 헤브라이의 사상, 문화 및 그 전통을 말하는데, 특히 유대교와 크리스트교의 전통을 총괄하여 말한다.

*아크로폴리스
고대 그리스의 여러 폴리스에서, 시민 결합의 중심을 이룬 언덕이다. 폴리스 수호신의 신전이 세워져 있어 전시에는 시민들의 최후의 보루 역할을 하였다.
아테네의 언덕이 가장 유명하다.

여기에 반해 헤브라이인들은 단 하나의 신인 '여호와'를 섬겼는데, 그들 종교의 전통을 총괄하여 '헤브라이즘'*이라고 합니다. 헬레니즘과 헤브라이즘은 서양 사상과 문명에 큰 영향을 끼친 양대 산맥이 되었습니다. 서양의 역사는 이 두 사상을 둘러싼 인간 정신의 역사라고 해도 지나친 말이 아닙니다.

그리스인들은 아크로폴리스*라는 높은 언덕 지대에 왕궁과 신전을 세웠습니다. 아크로폴리스란 '높은 곳의 도시'라는 뜻입니다. 이런 아크로폴리스를 도시 국가 한가운데에 짓고 요새로 삼아 외적을 방어하거나 무찔렀습니다.

그리스의 중장 보병 상

한 걸음 더!

헬레니즘 문화

알렉산드로스 대왕의 원정 후, 그리스 문화는 오리엔트로 물밀 듯이 퍼져 나가서, 오리엔트 지역에는 그리스 문화와 오리엔트 문화가 융합된, '그리스와 같은 문화'라는 뜻의 헬레니즘 문화가 탄생하였다.

헬레니즘 문화는 폴리스 중심의 그리스 문화와는 달리 시민주의 사상과 함께 개인주의 철학을 발달시켰다. 에피쿠로스 학파와 스토아 학파는 이러한 개인주의 철학을 대표하는 것으로서, 에피쿠로스 학파는 정신적인 쾌락을 주장하였고, 스토아 학파는 금욕을 통한 정신적 안정을 강조하여 개인의 행복을 추구하였다.

아크로폴리스

즉, 아크로폴리스는 그리스 도시 국가의 중심지로서, 여기에 자신들을 지켜 준다는 신을 신전에 모셨습니다.

"제우스＊와 포세이돈과 하데스 삼형제가 옛 신들을 몰아냈다. 그런 다음 제우스는 하늘과 땅의 신이 되었고, 포세이돈은 바다의 신이, 하데스는 저승의 신이 되었다. 제우스는 헤라와 결혼하여 자식들을 낳았으며, 신들은 올림포스 산에 모여 살았다."

이것이 그리스 신들의 전설입니다.

앞의 신들 외에도 대략 다음과 같은 그리스 신들이 있습니다. 아테나(아테네의 수호신으로 제우스의 딸), 헤르메스(여행자를 보호하는 신으로 신들의 전령신), 판(목축의 신으로 산양의 다리를 지님), 디오니소스(술과 예술의 신으로 제우스의 아들)＊, 헤파이스토스(대장간의 신으로 제우스의 아들), 아프로디테(사랑과 아름다움의 여신으로 헤파이스토스의 아내), 데메테르(추수를 상징하는 결실의 여신), 아폴론(시와 음악의 신으로 제우스의 아들) 등입니다.

헤파이스토동상

아프로디테 (비너스)

5 오리엔트를 통일하는 페르시아

페르시아를 하나로 통일하여 대제국의 기틀을 다진 키루스 2세는 정복 사업을 크게 벌여 소아시아 해안 지대의 그리스 도시를 빼앗음으로써 오리엔트를 통일했습니다. 이로써 페르시아 제국은 평화를 누릴 수 있었습니다.

페르시아를 세계에서 가장 강한 나라로 끌어올린 왕은 다리우스입니다. 다리우스 왕은 자신의 권위를 세계에 떨치려고 수도 페르세폴리스를 웅대하고 화려하게 건설했습니다.

고대 오리엔트에서 가장 거대한 제국이 된 페르시아는, 약 200년간 통일된 오리엔트를 유지했습니다.

이수스 전투에서 알렉산드로스 대왕을
맞아 싸우는 다리우스 3세

*메디아 왕국

기원전 8세기 말에 이란 고원의 북서부에 메디아인이 세운 왕국이다. 신바빌로니아와 함께 아시리아를 멸망시키고, 이란 전 국토에 걸친 영토를 얻었지만, 기원전 550년 무렵 페르시아에 멸망되었다.

키루스 2세와 조로아스터교

기원전 2000년 무렵, 이란인이라 불리는 인도 · 유럽 어족의 한 무리가 중앙아시아에 나타났는데, 그들은 기원전 1000년 무렵에 오늘날 이란 지방에 정착해 살았습니다.

또, 기원전 7세기에는 이란인의 일파인 메디아인들이 아시리아로부터 독립하여 나라를 세웠습니다.

이 키루스 2세가 페르시아를 하나로 통일했음을 선포하노라!

키루스 2세의 부부

페르시아의 검

아시리아를 물리친 메디아 왕국*은 메소포타미아 북부를 차지하고 계속 영토를 늘렸습니다. 그렇지만 신바빌로니아를 멸망시키고 여러 갈래의 페르시아를 하나로 통일하여 대제국의 기틀을 다진 사람은 키루스 2세였습니다.

키루스 2세의 초상

키루스 2세의 왕릉

오리엔트와 페르시아 제국

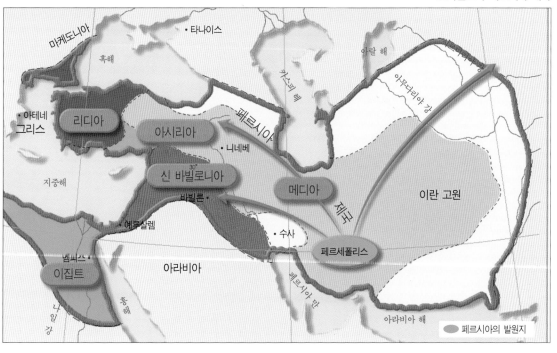

마케도니아 · 타나이스
흑해
아랄 해
아무다리야 강
· 아테네
그리스 리디아 아시리아 페르시아
· 니네베
지중해 신 바빌로니아 메디아 이란 고원
바빌론 · 제국
· 예루살렘 · 수사
멤피스 페르세폴리스
이집트 아라비아 아라비아 해
나일강 홍해 페르시아 만
🔴 페르시아의 발원지

키루스 2세는 정복 사업을 크게 벌여 소아시아 해안 지대의 그리스 도시를 빼앗음으로써 오리엔트를 통일했습니다. 정복자 키루스 2세는 너그러운 유화 정책으로 정복당한 민족을 다스려 존경을 받았습니다. 이로써 페르시아 대제국은 평화를 누릴 수 있었는데, 여기에는 조로아스터라는 철학자 겸 종교 개혁자의 힘이 크게 밑받침되었습니다. 그가 기원전 600년 무렵에 연 종교가 곧 '조로아스터교'＊입니다.

이란 야즈드에 있는 조로아스터교 아타쉬카데흐 신전

사산 왕조 시대에 조로아스터교도가 사용했던 봉화단

조로아스터교는 자연 숭배 사상을 기초로 하여 이룬 종교로서 특히 불을 숭배하여 '배화교'라고도 합니다.

이 종교를 믿는 신도는 화장을 하지 못했으며, 시신을 높은 산으로 옮겨 새가 쪼아 먹게 하는 조장이라는 풍습이 있었습니다. 그리고 사람은 죽은 후에 심판에 의해 천국과 지옥으로 간다고 믿었는데, 이 가르침은 중국에도 전해졌습니다.

이 세상의 짐은 다 벗어버리고 부디 천국으로 가시길 빕니다.

페르시아 사막에 있는 바위산

아스완(이집트)

조로아스터교의 경전은 '아베스타'라고 합니다. 조로아스터교는 빛을 발하는 선신 아후라 마즈다 신을 최고 신으로 숭배하였으며, 페르시아 시대 아케메데스 왕조 때 번성하였습니다.

뒷날 조로아스터교는 크리스트교와 이슬람교에도 큰 영향을 미쳤습니다.

이집트만 정복하지 못한 채 키루스 2세가 세상을 떠나자, 그의 아들 캄비세스 2세가 나섰습니다. 그리고 그는 이집트를 정복하여 페르시아 왕국에 합쳤습니다.

캄비세스 2세는 이집트 왕이 되었다가 나중에 에티오피아 원정에 실패하고 스스로 목숨을 끊었습니다.

*마니교
고대 페르시아의 조로아스터교에서 갈라져 나온 종교로 3세기 초에 마니가 창시하였다.
크리스트교와 불교의 여러 요소가 혼합된 종교로 선은 광명, 악은 암흑이라는 이원설을 제창하였다.

이집트 정복이라는 선왕의 못다 이룬 꿈은 우리가 기어코 이루고 말테다!

조로아스터교의 광명의 신인 아후라 마즈다

조로아스터교도의 무덤

페르세폴리스 건설

＊가우가멜라 전투

기원전 331년 10월에 마케도니아의 알렉산드로스 대왕이 이끄는 헬라스 동맹군과 페르시아의 다리우스 3세가 이끄는 페르시아군이 가우가멜라의 평원에서 벌인 싸움을 말한다.

이 싸움에 앞서 다리우스 3세는 3만 달란트의 금과 페르시아 제국의 절반, 그리고 왕녀를 바치겠다는 조건으로 화평을 청하였으나 알렉산드로스 대왕은 이를 거절하였다. 이 가우가멜라 싸움에서 알렉산드로스 대왕은 다리우스 3세를 무찌르고 전 페르시아의 지배권을 완전히 장악하였다.

페르시아를 세계에서 가장 강한 나라로 끌어올린 왕은 '왕 중의 왕'이라고 자신을 일컬은 다리우스입니다.

키루스 2세가 죽고, 반란이 계속되었으나 그는 이를 누르고 페르시아를 세계 최강의 대제국으로 발전시켰습니다.

다리우스 왕은 자신의 권위를 세계에 떨치려고 수도 페르세폴리스를 웅대하고 화려하게 건설했습니다.

페르시아의 병사

페르세폴리스 만국의 문

가우가멜라 전투

다리우스 대왕에게는 당할 자가 없었습니다. 그의 영토는 동으로는 인더스 강, 서로는 이집트, 북으로는 흑해로 흘러드는 다뉴브 강에까지 이르렀습니다.

다리우스는 전국을 20주로 나눈 후 각 주에 지사를 두어 통치하게 했습니다.

"나는 각 지역에 감시인을 보내고 있다."

그는 이렇게 '왕의 눈', '왕의 귀'라고 불리는 감시인을 보내어, 미리 반란이 일어날 여지를 막았습니다.

페르시아를 나만큼 강하게 만들 수 있는 왕은 아마 앞으로도 없을 것이다.

페르세폴리스의 유적

또, 나일 강과 홍해를 잇는 운하를 만들어 무역을 장려했습니다. 그리고 2,500킬로미터에 달하는 '왕의 길'을 만들어 각처에 숙소를 두었습니다.

이 길을 통해 수많은 나라의 정보를 빠르게 접할 수 있었기에 페르시아 제국은 나날이 번창해 갔습니다.

다리우스는 늘 이렇게 말했습니다.

"나는 여기서 멈추지 않습니다. 나의 꿈은 오리엔트의 통일이 아니라, 온 세계에 내 힘을 펼치는 것입니다."

고대 오리엔트에서 가장 거대한 제국이 된 페르시아는, 약 200년간 통일된 오리엔트를 유지했습니다.

페르세폴리스 크세르크세스왕 무덤

페르시아 군대가 출정하는 모습을 나타낸 조각상

74

6 페르시아 전쟁

페르시아의 지배 아래 있던 이오니아 지방의 그리스 도시들이 반란을 일으키자 다리우스 1세는 페르시아 전쟁을 일으키기로 마음먹었습니다.

세 차례에 걸쳐 20여 년 동안이나 벌어진 페르시아 전쟁은 결국 그리스의 승리로 막을 내렸습니다. 바야흐로 아테네가 그리스 도시 국가들의 우두머리가 된 것입니다.

페르세폴리스의 유적

그리스를 공격하는 다리우스 1세

*다리우스 1세
페르시아의 왕으로 조로아스터교를 국교로 정하였다. 그리스에서 원정군을 파견하였으나 마라톤 싸움에서 아테네에 패했다.

다리우스 1세*는 군대를 일으켜 드넓은 세계를 정복하고 지배했습니다.

다다넬즈 해협과 인더스 강을 짓밟고 이집트와 북부를 빼앗았으며 그 힘을 중앙아시아에까지 뻗쳤습니다.

그는 왕 중의 왕이 될 만했습니다. 또, 다리우스 1세는 대군을 이끌고 보스포루스 해협과 다뉴브 강을 건너 북쪽으로 밀어붙였습니다.

"말을 탄 스키티아군이 새까맣게 밀려옵니다!"

보고를 받은 다리우스 1세는 스키티아 정벌을 포기하고 군대를 돌렸습니다. 그리고 트라키아와 마케도니아에 군대를 남겨 두고, 왕 자신은 수사로 돌아오고야 말았습니다.

다리우스 1세의 초상화

다리우스 1세의 묘

우리 페르시아에 대항하는 나라들은 본때를 보여 주어야 한다고!

이것을 안 소아시아의 그리스 식민지들은 반란을 일으켰습니다. 그리스 본토인들 또한 힘을 합쳤습니다.

"고얀 것들! 이번 기회에 그리스를 손에 넣자."

다리우스 1세는 페니키아 함대를 동원하여 에게 해의 섬들을 물리치고, 마침내 페르시아 전쟁*을 일으키기로 마음먹은 것입니다.

그리스 식민지들이 반란을 일으킨 것은 페르시아의 지배와 간섭으로 무역 활동이 막히고 자유를 잃었기 때문이었습니다.

> *페르시아 전쟁
> 기원전 5세기 전반(기원전 492~기원전 449년)에 페르시아 제국과 아테네, 스파르타를 중심으로 하는 그리스 여러 도시들 사이에 벌어진 전쟁이다.

페르시아 군대

다리우스 1세가 건설한 페르세폴리스

청동 방패

  반란을 일으킨 곳은 밀레토스를 중심으로 한 이오니아*의 그리스 식민 도시였습니다.

  페르시아 군대는 곧바로 이오니아의 반란군을 무찌른 다음, 그리스를 공격했습니다.

  반란은 쉽게 가라앉았습니다. 그런데 반란 도시들이 그리스 본토에 원조를 요청하자 아테네가 군함 20여 척을 보내 주었습니다.

  그러자 아테네가 원조를 하였다는 것을 트집 잡아 다리우스 1세가 그리스 침공에 나섰습니다.

페르시아 전쟁과 그리스의 성쇠

아테네가 민주정을 채택한 지 얼마 안 되어, 그리스는 크나큰 민족적 시련에 부딪히게 되었다. 이오니아의 봉기가 원인이 되어 일어난 아케메네스 왕조 페르시아와의 전쟁이 그것이다.

그러나 그리스인들은 아테네와 스파르타를 중심으로 단결하여 마라톤 싸움과 살라미스 해전 등에서 승리를 거두었다.

그리하여 전후에는 이 승전에서 가장 공이 컸던 아테네가 스파르타에 버금가는 대국이 되었다. 아테네는 그리스의 정치, 경제, 문화의 중심으로 번영하였으며, 또 민주적인 기운도 한층 높아져 페리클레스의 지도 아래 발달된 민주 정치가 행하여지게 되었다.

살라미스 해전(제3차 페르시아 전쟁)

페리클레스는 많은 개혁을 단행하여 난민을 구제하고 그리스 전역의 이름난 학자와 예술가들을 초빙하여 문화를 발전시켰다. 특히, 그는 아테네를 그리스 도시 국가 및 에게 해 섬들의 해군 동맹인 델로스 동맹의 맹주로 삼아, 아테네 제국을 형성하는 등 많은 업적을 남겼다.

아테네의 정치에서는 500인 협의회가 민회를 운영하고 행정부의 기능을 하였다.

또, 무산 시민의 발언권이 커져 모든 성인 남자 시민이 민회에 참석할 수 있게 되었으며 특수직을 제외한 모든 관직은 추첨으로 선임되었다.

그러나 농업, 수공업, 광산업 등 산업 분야에서 혹사를 당한 노예와 외국인, 그리고 부녀자에게는 참정권이 부여되지 않았다.

아테네의 번영은 이윽고 스파르타나 그 밖의 폴리스와의 대립을 낳아 펠로폰네소스 전쟁이 일어났다. 아테네는 이 전쟁에서 패하여, 스파르타가 대신 그리스의 패권을 잡았다. 그러나 스파르타의 패권은 얼마 후 테베에 넘어갔고, 그 테베도 얼마 안 가서 쇠퇴하였다.

그 후, 그리스에는 패권을 장악하는 폴리스가 없어지게 되었다. 이리하여 그리스 세계는 폴리스끼리 서로 분열하고 항쟁하는 가운데, 기원전 338년에 북쪽의 신흥 국가인 마케도니아의 침입을 받아 멸망하였다.

때는 기원전 492년이었습니다.

"단숨에 아테네를 싹 쓸어버리리라!"

다리우스 1세는 마르도니우스를 총사령관으로 임명하여 그리스 본토를 공격하도록 하였습니다.

페르시아군은 바다와 육지 두 방면으로 나누어 물밀 듯이 쳐들어갔습니다.

페르시아 전쟁

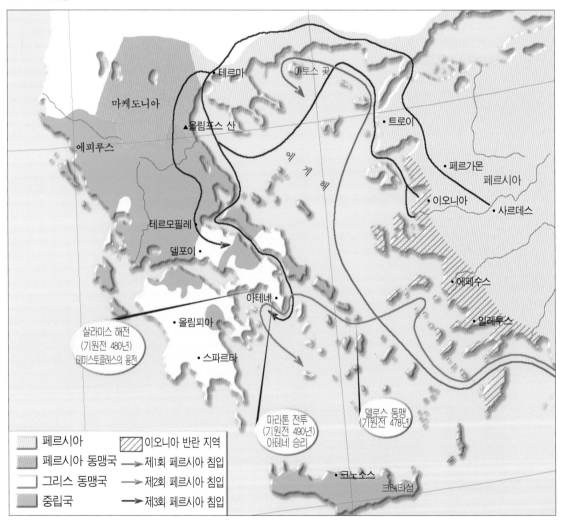

그리하여 트라키아* 해안을 점령했으나 폭풍이 거세게 휘몰아쳐서 페르시아 함대 300여 척이 산산조각나고 군사 1만 명이 목숨을 잃었습니다.

"아직 때가 이른 것 같구나!"

다리우스 1세는 그리스 원정을 중단하고 돌아섰습니다.

> *트라키아
> 발칸 반도의 남동부에 있는 지방으로 지역은 시대에 따라 범위가 다르다. 현재는 에게 해 북동 해안 지방을 가리키며, 터키령과 그리스령으로 나뉜다. 발칸 전쟁에서 그 영토 문제로 싸움이 벌어졌다.

페르세폴리스 궁전의 유적

델포이의 마부

그로부터 2년이 지난 뒤 다리우스 1세는 다시 제2차 그리스 원정을 감행하였습니다. 페르시아의 대군은 에레트리아를 들이치고 아테네로 향했습니다.

한편, 아테네는 벌집을 쑤신 듯이 발칵 뒤집혔습니다. 어떻게 페르시아의 대군을 무찌르느냐 하는 문제를 놓고 의견을 모으지 못했습니다.

겁이 난 아테네인들은 외쳤습니다.

"한시라도 빨리 항복합시다!"

그러자 야만인들에게 항복하는 것은 죽음보다 더 무섭다고 하면서 끝까지 싸우자고 하였습니다.

페르시아의 뿔잔

아테네에 있는 자피온

다리우스를 알현하는 스키타이인들

*테미스토클레스
고대 그리스, 아테네의 정치가이다. 해군력을 증강시키고 페르시아 전쟁의 살라미스 해전에서 페르시아 함대를 격파하였다.

그리스의 군용선

"여러분!"

테미스토클레스*가 주먹을 쳐들며 웅변하기 시작하였습니다.

"항복하면 저들의 노예가 되고 맙니다. 자유인이 야만인의 노예로 어떻게 삽니까? 싸웁시다!"

그러자 모두 용기를 내어 싸우자고 하였습니다. 싸워서 자유의 도시 아테네를 지키자고 하였습니다.

이리하여, 아테네 전 시민이 총동원되어 중장 보병 약 2만 명이 이루어졌습니다. 하지만 이것은 페르시아군의 반 정도밖에 안 되는 군사였습니다.

페르시아 병사의 부조

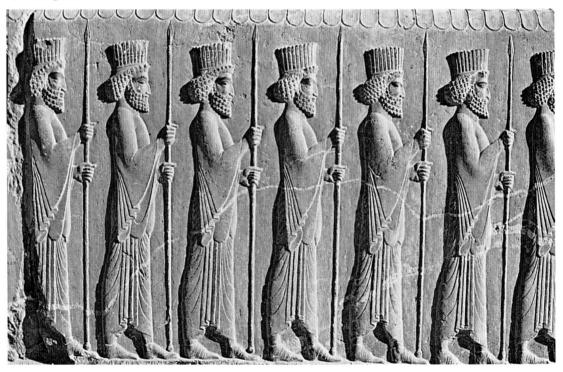

포세이돈 신전의 유적

"평원에서 싸우면 적의 기병에게 무너집니다!"

아테네군은 마라톤에서 아테네로 통하는 골짜기에 진을 쳤습니다.

밀티아데스가 군사들을 뽑아 명령했습니다.

"적을 잘 살피다가 나아가서 유인하라!"

며칠 동안 양쪽 군대는 서로 눈치만 보느라 잠잠했습니다. 그러다가 페르시아

군은 마침내 아테네군을 얕잡아보고 정면으로 공격했습니다.

포세이돈 신전 일출

페이디피페스 동산

목숨을 걸고 승첩을 알린 그리스 용사 페이디피데스

아테네의 마라톤 전투 승리

　아테네군은 정면에 약하고 적은 수의 군사를 내세운 대신, 양쪽에 숨겨 둔 주공격군으로 적을 포위했습니다. 앞만 보고 돌격해 온 페르시아군은 양쪽 골짜기에서 나타난 아테네군에게 전멸당하다시피 했습니다.

　마라톤 전투에서 페르시아군은 7,000명에 가까운 전사자를 낸 반면, 아테네군은 200명가량이 죽었을 뿐입니다. 아테네 시민들은 싸움 결과가 궁금하여 광장에 모여 발을 동동 굴렀습니다.

　이때, 아테네군의 한 병사가 헉헉거리며 달려왔습니다.

　"우리가 이겼습니다……."

그는 이 말을 전한 뒤에 쓰러져 숨을 거두었습니다.

페르시아군과의 싸움에서 숨진 아테네 병사들의 마라톤 무덤

승마자의 부조

올림피아의 체육 훈련장

이 병사는 싸움의 승리를 알리기 위해 마라톤＊에서부터 약 40킬로미터나 되는 거리를 쉬지도 않고 달려와 싸움의 결과를 알리고 죽은 것이었습니다.

용감한 우리 아테네의 힘을 보여 줄 때다! 모두 끝까지 적을 쳐부수자!

"우리에게 승리를 알려 주기 위해 목숨을 걸고 쉬지 않고 달려왔군!"

이 전령이 오늘날 마라톤 경주를 탄생시켰습니다. 후세 사람들이 마라톤 경주를 통해 장한 그 병사를 기렸던 것입니다. 군대를 돌린 페르시아군은 살라미스 해전*에서도 크게 패했습니다. 페르시아군은 그리스를 떠나갔으나 육군은 뎃살리아 지방에 주저앉았습니다.

다시 쳐들어가라는 명령이 내려지자 페르시아군은 남쪽으로 내려와 플라타이아 평원에 진을 쳤습니다.

그리스군은 연합군을 만들었습니다. 연합군 총사령관은 스파르타의 파우사니아스이고 군사는 3만 명이었습니다. 드디어 플라타이아 전투가 벌어졌습니다.

살라미스 섬의 전경

올림피아의 필리페이온

살라미스 해전

91

그리스군은 긴 창과 방패를 들고 중무장한 중장 보병이었고, 페르시아군은 기병과 궁수들이었습니다. 때문에 그리스군의 긴 창에 찔려 말과 적군이 여지없이 거꾸러졌습니다.

적의 무기는 방패가 척척 막아내어 다시 그리스군이 대승을 거두었습니다.

해군 또한 이오니아 해안의 미칼레에서 페르시아 함대를 무찔렀습니다.

이렇듯 세 차례에 걸쳐 20여 년 동안이나 벌어진 페르시아 전쟁은 그리스의 승리로 막을 내렸습니다.

그때까지 스파르타가 가장 강한 폴리스로 여겨졌지만 전쟁이 끝난 뒤에는 상황이 달라졌습니다. 이오니아인들은 건방지게 구는 스파르타 왕을 미워하며 연합 함대를 아테네가 맡아 달라고 하였습니다.

이리하여 아테네가 그리스 도시 국가들의 우두머리가 되었습니다.

고대 올림피아의 모습

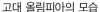

세계사 부록

크레타 문명

지중해와 에게 해의 경계를 이루고 있는 크레타 섬을 중심으로 발전된 문명이다.

20세기 초에 크레타 섬의 크노소스에서 영국의 에번스가 미노스 왕의 거대한 궁터를 발굴하였는데, 이때 많은 도기류가 함께 출토되었다.

이들 도기에 그려진 그림이나 궁전의 벽화는 오리엔트 미술처럼 딱딱하지 않고 활동성이 있으며, 밝고 화려하며 사실적이었다. 이것으로 미루어 보아 미노스 왕은 강력한 권력을 가지고 지중해 동부 지방을 지배했음을 짐작할 수 있다.

대표적인 크레타 문명의 건축물인 크노소스 휴

또, 크레타 섬에서는 선문자라는 독특한 문자가 발견되었다. 이 선문자의 해독으로 당시의 행정 조직과 사회 상태를 추측할 수 있게 되었다. 이것으로 크레타 문명의 주인공들은 해상 무역에 종사한 상업 민족으로서, 강력한 해양 왕국을 건설하였으며, 에게 해 일대에 영향력을 미쳤을 것으로 추측된다.

미케네 문명과 트로이 문명

에게 해의 섬 중의 하나인 미노스 섬

그리스 반도의 미케네를 중심으로 발전한 미케네 문명은 그리스인의 한 갈래인 아카이아인이 남하하여 에게 해 연인의 미케네, 티린스와 소아시아의 트로이 등지에 건설한 문명으로, 오늘날에도 거대한 돌로 축조된 성채의 흔적이 남아 있다.

미케네 문명은 크레타 문명을 받아들이면서도 군사적인 성격이 강한 독특한 문명으로 발전하였다. 그러나 기원전 1200년 무렵에 철제 무기를 사용하는 그리스인의 다른 일파인 도리아인에게 멸망하였다.

1871년에 독일의 슐리만에 의하여, 소아시아 북서 해안 가까운 곳에서 트로이 문명이라고 생각되는 유적이 발굴되었다.

그리스인의 해외 진출과 도시 국가의 경제 발전

기원전 7세기 무렵부터 그리스인의 해외 진출이 활발해졌다. 그리스인은 소아시아와 에게 해 연안으로 진출하여 새로운 도시 국가를 건설하였다. 각 도시 국가의 인구가

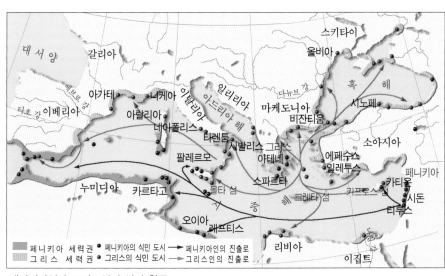

페니키아인과 그리스인의 식민 활동

급격히 증가하자, 경작지가 부족하게 되어 기원전 8세기 후반부터는 본격적인 식민 활동에 나섰다. 그리스인들은 지중해 연안과 흑해 연안 일대까지 세력을 확장하고, 식민 도시를 건설하였다. 그리하여 에게 해, 흑해, 지중해 일대가 그리스인의 세계로 바뀌었다. 그들은 식민 활동과 더불어 해상 무역에도 박차를 가하여, 화폐 경제가 발달하고 상공업도 일어났다. 이에 따라 그리스 본토의 아테네는 상업과 무역을 통하여 차츰 부강해졌다.

그리스의 문화와 종교

아리스토파네스의 희극 〈여자의 평화〉

에게 문명과 오리엔트 문명의 영향을 받은 그리스인들은 전제 군주나 종교적 권위에 속박되지 않은 자유로운 시민의 문화를 이룩하였다. 그리고 합리적이고 현세적인 인간 중심의 문화였다.

그리스 문화는 서양 고전 문화의 정수로 크리스트교 사상과 함께 서양 문화의 2대 조류를 이루었다. 인간 중심의 무화였던 그리스 문화의 성격은 그들의 종교와 신화에 잘 표현되어 있다. 이러한 신들의 이야기를 모은 그리스 신화는 자유로운 사회에 살던 그리스인의 풍부한 상상력에 의하여 탄생된 산물이다.

115	로마의 트라야누스 황제, 파르티아에 원정하여 아르메니아와 메소포타미아를 병합함.
116	로마의 역사학자 타키투스, 〈연대기〉를 간행함.
120	로마, 이 무렵의 역사가이자 철학자인 플루타르크 사망함.
124	로마, 판테온 신전 공사를 완료함.
128	로마, 갈리아인이 고형 비누를 발명함.
130	로마, 예루살렘을 재건하고 주피터 신전을 세움.
144	인도, 쿠샨 왕조의 카니슈카 왕이 즉위하여 왕조의 최성기를 맞음(간다라 미술의 최성기).
150	이 무렵, 〈신약 성서〉가 완성됨.
161	로마, 안토니누스 피우스 죽고 마르쿠스 아우렐리우스 즉위함.
174	로마의 마르쿠스 아우렐리우스 황제, 〈명상록〉 저술함.
184	촉한, 황건적 장각 등이 봉기함(황건적의 난).
200	로마의 디오게네스, 〈저명한 철학자들의 생활과 견해〉를 지음.
208	후한의 유비, 손권과 함께 적벽대전에서 조조를 격파함.
214	페르시아, 이 무렵에 마니교의 교조 마니가 태어남.
216	로마, 이 무렵에 카라칼라의 목욕장을 완성함.
223	로마, 이 무렵에 카타콤(지하 묘지)의 장식이 시작됨.
227	촉한의 제갈량, 출사표를 던지고 위를 원정함.
230	사산조 페르시아, 조로아스터교를 국교로 함.
241	로마, 프랑크 족이 처음으로 역사에 등장함.
250	중국, 이 무렵에 죽림칠현이 나타남. 인도, 이 무렵에 〈화엄경〉을 완성함.
252	로마, 로마 교회가 전 이탈리아 교회의 본산이 되고 파문권과 성직 수임권을 장악함.
255	중국, 죽림칠현의 노장사상이 유행함.
288	사산조 페르시아의 사산조 바푸람 2세, 로마와 평화 조약을 체결함.

촉나라를 세운 유비

마니교 경전에 그려진 마니교 신관

마르쿠스 아우렐리우스의 기마상

293	로마, 디오클레티아누스 황제는 갈레리우스를, 막시미아누스는 콘스탄티우스 1세를 각각 부제로 두어 로마 제국을 4분 통치함(갈리아, 일리리아, 이탈리아, 오리엔스로 4분됨).

293 로마, 디오클레티아누스 황제는 갈레리우스를,
막시미아누스는 콘스탄티우스 1세를 각각 부제로 두어
로마 제국을 4분 통치함(갈리아, 일리리아, 이탈리아,
오리엔스로 4분됨).

니케아 공의회

308 로마의 콘스탄티누스, 프랑크 족을 정벌함.

312 로마, 콘스탄티누스 1세 즉위함(크리스트교 박해
중지령 공포, 콘스탄티누스의 개선문 건립).

313 로마의 콘스탄티누스 1세, 밀라노 칙령을 공포하여
크리스트교를 공인함.

320 인도, 마가다 지방에서 찬드라굽타가 즉위하여 굽타 왕조를
일으킴(굽타 미술 발흥).

325 로마의 니케아 공의회, 아타나시우스파를 정통으로
인정하고 아리우스파 추방을 결정함.

330 로마의 콘스탄티누스, 로마 제국의 수도를
비잔티움으로 옮기고 콘스탄티노플이라 개칭
(비잔티움 제국 성립).
성 베드로 대성당을 건립하기 시작함.

고개지의 〈여사잠도〉

353 동진의 왕희지, 〈난정서〉를 씀.

355 로마의 밀라노 공의회, 아리우스파를 정통으로
인정하고 아타나시우스파를 배척함.

360 로마, 콘스탄티노플에 성소피아 대성당을 건립함.

379 로마, 테오도시우스 1세가 로마 황제에 즉위함.

381 동진, 이 무렵에 고개지가 〈여사잠도〉를 그림.

라틴어로 씌어진 〈성서〉

383 로마, 라틴어 〈성서〉를 완성함.

395 인도의 굽타 왕조, 서인도를 평정함.

398 동로마, 고트 족과 강화를 맺음.

399 북위, 오경박사를 둠.
사산조 페르시아, 크리스트교를 박해함.

400 동로마의 아우구스티누스, 〈고백록〉을 저술함.
인도, 이 무렵에 카리다사의 〈샤쿤달라〉가 나옴.
이 무렵에 설화집 〈판차탄트라〉가 나옴.

(115~400년)

콘스탄티누스 1세(274?~337년)의 개선문

그는 디오클레티아누스의 정치를 이어받음과 동시에 313년에 밀라노 칙령을 공포하였다. 그것은 그때까지의 황제들이 억누르고 있던 크리스트교를 인정한 것이었다. 이로 인해서 크리스트교가 유럽에 퍼지는 계기가 되었다.

콘스탄티누스 대제와
소르 신이 조각된 금화

유럽

아시아

아프리카

인도양

오스트레일리아

고대 크리스트교도의 지하 묘지인 카타콤

로마 근처에 약 40개가 있는데, 지하 갱도의 길이를 합치면 약 875킬로미터나 된다. 지하의 구조는 그물처럼 가로, 세로로 갱도를 파서 깊이 들어가며, 어떤 곳은 2, 3층으로 된 곳도 있다. 들어가는 문과 나오는 문이 찾기 어렵게 되어 있기 때문에 로마 인의 감시를 피하여 이곳에서 집회를 하였다.

〈죽림칠현도〉
중국 진나라 초기에 노장의 무위 사상을 숭상하며 죽림에 모여 청담(명리를 떠난 맑고 고상한 이야기)으로 세월을 보낸 일곱 선비를 말한다. 곧, 산도, 왕융, 유영, 완적, 완함, 혜강, 상수이다.

북아메리카

대평양

대서양

남아메리카

간다라 불상

카니슈카 왕(? ~170년?)
인도 쿠산 왕조의 제3대 왕이다. 튀르크 족 출신으로 왕위에 오르자 푸르샤푸라(지금의 페샤와르)에 도읍을 정하고, 간다라 지방을 중심으로 사방을 정복하여, 서북 인도에서 중앙아시아에 걸치는 대국가를 이루고 세력을 떨쳤다. 불교의 보호와 장려에 힘써, 아소카 왕 때에 버금갈 만큼 불교가 크게 발전하였다. 이때 발달한 불교 미술을 '간다라 미술'이라 부르며, 불교가 중국으로 전해지기 시작한 것도 이때이다.

〈세계사 이야기〉 관련 홈페이지

골말의 역사 교실 http://history.new21.net

공자를 찾아서 http://nagizibe.com.ne.kr

김제훈의 역사가 좋아요 www.historylove.com

대영 박물관 www.thebritishmuseum.ac.uk

독일 정보 www.nobelmann.com

러시아 우주 과학회 www.rssi.ru

루브르 박물관 www.louvre.fr

링컨(백악관) www.whitehouse.gov/history/presidents/al16.html

메트로폴리탄 미술관 www.metmuseum.org

버지니아 대학 도서관 http://etext.virginia.edu/jefferson

사이버 스쿨버스 www.cyberschoolbus.un.org

서양 미술 사학회 www.awah.or.kr

소창 박물관 www. sochang.net

영국의 왕실 공식 사이트 www.royal.gov.uk

유엔(UN) www.un.org

이슬람 소개 www.islamkorea.com

인도의 독립 운동가 간디를 소개하는 사이트 http://mkgandhi.org

정재천의 함께하는 사회 교실 http://yuksa.new21.org

제1차 세계 대전의 원인, 주요 전투, 관련 인물, 연대표 수록
http://firstworldwar.com

주한 독일 문화원 www.gothe.de/seoul

주한 중국 문화원 www.cccseoul.org

주한 프랑스 문화원 www.france.co.kr

중국의 어제와 오늘 www.chinabang.co.kr

차석찬의 역사 창고 http://mtcha.com.ne.kr

한국 서양사 학회 http://www.westernhistory.or.kr

한국 셰익스피어 학회 www.sakorea.or.kr

한국 프랑스 사학회 http://frenchhistory.co.kr